BEI GRIN MACHT SICH IHR WISSEN BEZAHLT

- Wir veröffentlichen Ihre Hausarbeit, Bachelor- und Masterarbeit
- Ihr eigenes eBook und Buch - weltweit in allen wichtigen Shops
- Verdienen Sie an jedem Verkauf

Jetzt bei www.GRIN.com hochladen und kostenlos publizieren

Bibliografische Information der Deutschen Nationalbibliothek:

Die Deutsche Bibliothek verzeichnet diese Publikation in der Deutschen Nationalbibliografie; detaillierte bibliografische Daten sind im Internet über http://dnb.d-nb.de/ abrufbar.

Dieses Werk sowie alle darin enthaltenen einzelnen Beiträge und Abbildungen sind urheberrechtlich geschützt. Jede Verwertung, die nicht ausdrücklich vom Urheberrechtsschutz zugelassen ist, bedarf der vorherigen Zustimmung des Verlages. Das gilt insbesondere für Vervielfältigungen, Bearbeitungen, Übersetzungen, Mikroverfilmungen, Auswertungen durch Datenbanken und für die Einspeicherung und Verarbeitung in elektronische Systeme. Alle Rechte, auch die des auszugsweisen Nachdrucks, der fotomechanischen Wiedergabe (einschließlich Mikrokopie) sowie der Auswertung durch Datenbanken oder ähnliche Einrichtungen, vorbehalten.

Impressum:

Copyright © 2018 GRIN Verlag
Druck und Bindung: Books on Demand GmbH, Norderstedt Germany
ISBN: 9783668770423

Dieses Buch bei GRIN:

https://www.grin.com/document/436279

Sascha Koziol

Die Clausewitzsche Sichtweise von Krieg und ihre Bedeutung für den Umgang mit politischen Konflikten

GRIN Verlag

GRIN - Your knowledge has value

Der GRIN Verlag publiziert seit 1998 wissenschaftliche Arbeiten von Studenten, Hochschullehrern und anderen Akademikern als eBook und gedrucktes Buch. Die Verlagswebsite www.grin.com ist die ideale Plattform zur Veröffentlichung von Hausarbeiten, Abschlussarbeiten, wissenschaftlichen Aufsätzen, Dissertationen und Fachbüchern.

Besuchen Sie uns im Internet:

http://www.grin.com/

http://www.facebook.com/grincom

http://www.twitter.com/grin_com

Die Clausewitzsche Sichtweise von Krieg und ihre Bedeutung für den Umgang mit politischen Konflikten

Inhaltsverzeichnis

1 Einleitung 1
2 Biografie 1
3 Äußerer Rahmen 3
4 Über die Natur des Krieges: Was ist Krieg? – Eine Analyse 4
5 Die Moral 7
6 Die Hauptschlacht 8
7 Clausewitz Definition von Krieg (Clausewitzsche Sichtweise) 9
8 Bedeutung 10
9 Literaturverzeichnis 12

1 Einleitung

Auf den folgenden Seiten beschäftige ich mich, wie der Titel schon verrät, mit der Clausewitzsche Kriegstheorie und seinem damit verbundenen Werke „Vom Kriege". Ich habe dieses Thema gewählt, da ich es sehr interessant finde. Geschichte wird meist nur aus politischer oder gesellschaftlicher Sichtweise betrachtet, militärisch aber selten. Diese Theorien stellen für mich eine riesige Erneuerung in der Kriegsführung dar, und selbst heute gibt es noch Lesungen für dieses Werk. Zudem ist es, zumindest in meinen Augen, die wichtigste preußische bzw. deutsche Kriegsdoktrin, welche sich zu einer der Welt wichtigsten Lehren entwickelt hat. Außerdem ist die Geschichte der Person Carl von Clausewitz an sich interessant. Ich werde mich in dieser Facharbeit zu allererst mit der Biografie des Carl von Clausewitz beschäftigen. Danach wird der äußere Rahmen des Werkes „Vom Kriege" dargestellt. Um Clausewitz' Sichtweise auf den Krieg zu analysieren verwende ich das erste Kapitel („Was ist Krieg?") des ersten Buches („Die Natur des Krieges"). Außerdem verwende ich das dritte Buch („Von der Strategie überhaupt"), wobei ich das Augenmerk auf die Moral lege, und das vierte Kapitel „Die Hauptschlacht. Ihre Entscheidung" des vierten Buches („Das Gefecht"). Ich wählte diese Ausschnitte, da sie fast alle Information für das Fazit liefern, und ich mir nicht anmaße, ein so riesiges und bedeutendes Werk in so kurzer Zeit in einer Facharbeit so geringen Umfanges zu analysieren zu können, geschweige denn zu deuten. Das würde diesem großartigen Werk nicht gerecht werden. Danach bilde ich das Fazit, heißt die Definition von Krieg in den Augen Clausewitz'. Zuletzt zeige ich die enorme Bedeutung dieses Werkes in der nahen Geschichte, als auch in der Gegenwart im Schlussteil auf.

2 Biografie

Carl Philipp Gottlieb von Clausewitz wurde am 1.Juli 1780 in Burg, im heutigem Sachsen-Anhalt, als Sohn des Steuereinnehmers Friedrich Gabriel Clausewitz (1740-1802) und Friederike Dorothea Charlotte Clausewitz, gebürtig Schmidt, geboren. Er war das dritte Kind, neben seinen Brüdern Friedrich Volmar Karl Heinrich von Clausewitz (1771-1854), preußischer Generalleutnant, und Wilhelm Benedikt von Clausewitz(1773-1849), preußischer Generalmajor. Die adlige Abstammung Clausewitz war sehr lange umstritten, weshalb sein Vater aus dem preußischen Heer entlassen, seinen Rang als Offizier verlor und trotz Gesuch auf Wiedereinstellung abgelehnt wurde. Im Alter von zwölf Jahren wurde Clausewitz durch die Beziehungen seines Vaters die Möglichkeit eröffnet im Frühsommer 1792 in das Infanterieregiment „Prinz Ferdinand" einzutreten, wo er als Carl von Clausewitz vermeldet war. Dort wurde er Fähnrich. Auch seine beiden Brüder erhielten eine Anstellung in der Armee. Schon im Alter von 13 Jahren zog Clausewitz mit seinem Infanterieregiment in den ersten Koalitionskrieg (1792-1797) und erlebte somit in der Belagerung von Mainz schon als Junge den Krieg. Von 1796 bis 1801 begann Clausewitz eigenständige Studien durchzuführen. Im Oktober 1801 gehörte er zum ersten Jahrgang der von Gerhard von Scharnhorst gegründeten Allgemeinen Kriegsschule in Berlin. Dort herrschten von Scharnhorst selbst und Immanuel Kant zu den stärksten Einflüssen und bewogen ihn zur Erstellung des Werkes „Strategie von 1804", welches nie zur Veröffentlichung, sondern eher als „Notiz" gedacht war. 1804 schloss Clausewitz die Militärschule als bester seiner Klasse ab und wurde dadurch der Adjutant des Prinzen August von Preußen, Bruder des späteren Friedrich II. Dadurch kam Clausewitz mit sehr hoher Gesellschaft bzw. höherer in Kontakt, wo er auch 1803 Marie Sophie von Brühl, geboren 1779 in Warschau, seine spätere Gemahlin, kennenlernte. Ihrer Beziehung standen viele Schwierigkeiten im Weg: Zum einen der einjährige Altersunterschied, welcher nicht so verheerend war, zum Anderen die Unterschiede des Standes, da Clausewitz seinen Adel noch nicht einmal vorweisen konnte und Marie von Brühl zum sächsischen Hochadel gehörte, das große Problem. Zu Beginn des dritten napoleonischen Krieges (Feldzug gegen Preußen), auch genannt vierter Koalitionskrieg, wird Clausewitz von seiner Angebeteten getrennt. Clausewitz, immer noch Adjutant, zieht als Stabskapitän gegen Frankreich. Er kämpfte zusammen mit Prinz August von Preußen bei der Schlacht von Jena und Auerstedt, die in eine Niederlage Preußens mündete, und ergab sich folglich nach mehreren verzweifelten Fluchtversuchen, Verfolgungsjagden und Gefechten am 28.Oktober 1806 dem französischen Marshall Murat. Er wurde zusammen mit August von Preußen zum in Berlin residierenden Napoleon I. gebracht und ihm dort vorgestellt. In einem kurzen Gespräch stellte Napoleon Preußen als Aggressor dar, was Clausewitz als ein späteres Bonmot („Der Eroberer ist immer friedliebend, er zöge ganz gerne ruhig in unseren Staat ein") als Witz auslegte. Clausewitz tat das Jahr 1807 in Kriegsgefangenschaft in drei französischen Städten (Nancy, Soissons und Paris) zu. Dort verfasste er sein nächstes Werk „Historische Briefe über die großen Kriegsereignisse im Oktober 1806". Nach seiner Kriegsgefangenschaft wurde Clausewitz auf Willen Gerhard von Scharnhorst in dessen Stab einberufen. Dort arbeitete er als Reformer und wirkte somit an den Preußischen Heeresreformen[1] mit. Im Folgejahr wurde Clausewitz zum Major befördert und war der Bürochef Scharnhorst. Er arbeitete auch als Lehrer für Generalstabsdienst und Taktik und unterrichtete als Hauslehrer viele preußische Prinzen, darunter auch Wilhelm I., späterer Kaiser des Deutschen Kaiserreiches. Im August des Jahres 1810 folgt doch noch nach allen Diskrepanzen die Verlobung von Carl von Clausewitz und Marie von Brühl. Nur knapp vier Monate später folgt am 17.Dezember die Heirat. Clausewitz verließ 1812 die preußische Armee und trat in die russische Armee ein, da Napoleon gegen Russland zog. Clausewitz war von dem Fall und dem Scheitern Napoleons überzeugt und würde bis zum letzten kämpfen. Er nahm an allen wichtigen Schlachten teil und diente bei der Konvention von Tauroggen, dem Waffenstillstand zwischen Preußen und dem Zarenreich Russland und auch einer der Gründe für das Bündnis zwischen Preußen und Russland, als Vermittler. Während der Befreiungskriege blieb Clausewitz der Wiedereintritt in die preußische Armee durch den preußischen König verwehrt, allerdings nahm er trotzdem als Stabschef eines russischen Korps teil. Im April 1814 wurde ihm erlaubt sogar als Oberst wieder in den Dienst Preußens zu treten. Im Jahre 1815 nahm Clausewitz als Stabschef an der Schlacht von Waterloo teil. Von 1815-1818 war Clausewitz Stabschef bei August Neidhardt von Gneisenau in Koblenz. 1818

---

[1] Als Preußische Heeresreform bezeichnet man die Reorganisation der preußischen Armee in den Jahren 1807 bis 1814.

wurde er Direktor der Allgemeinen Kriegsschule in Berlin, an der er selbst unterrichtet wurde, durfte aber nicht lehren. September des gleichen Jahres erfolgte die Beförderung im Alter von 38 Jahren zum Generalmajor. Somit war Clausewitz der jüngste General der preußischen Armee. Trotzdem stellte er Versetzungsanträge, da er sich sozusagen mehr erhoffte, welche allesamt abgelehnt wurden. 1821 wurde er in den Generalstab der preußischen Armee aufgenommen. Um 1824 entstand das Werk „Nachrichten über Preußen in seiner größten Katastrophe", das, wie auch schon „Historische Briefe über die großen Kriegsereignisse im Oktober 1806", die Geschehnisse des Jahres 1806 aufarbeitete. Während dieser Zeit als Direktor der Kriegsschule fand die Hauptarbeitsphase an dem Werk „Vom Kriege" statt. 1827 wurde Carl von Clausewitz so wie seine beiden Brüder vom preußischen König geadelt, als Bestätigung des vorher schwer nachweisbaren Familienadels. 1830 wurde Clausewitz zur 1.Artellerie-Inspektion nach Breslau berufen. Im Juli des gleichen Jahres begann der Novemberaufstand in Polen. Die preußischen Truppen agierten als Observationstruppen unter Gneisenau. Im russischen Zarenreich brach zu dieser Zeit die Cholera aus und die russischen Truppen brachten die Cholera nach Polen. Sie verbreitete sich rasant. Gneisenau starb an der Cholera, sodass Clausewitz den Oberbefehl über die Truppen erhielt. Dieses Glück wehrte jedoch nicht lange, Clausewitz erkrankte selbst daran und kehrte im Herbst 1831 nach Breslau zurück. Kurz darauf, am 16.November 1831, starb Carl Philipp Gottlieb von Clausewitz im Alter von 51 Jahren. Die Todesursache wurde nie geklärt, wobei die Cholera die Naheliegendste ist. Trotz langer Trennungsphasen führte Clausewitz eine glückliche Ehe über 21 Jahre. Seine Frau unterstütze und ermunterte ihn immer wieder, zum Beispiel bei dem Werk „Vom Kriege". Durch die Feldpost der damaligen Zeit, sieht man noch heute die besondere Art ihrer Beziehung in den Trennungsphasen. Clausewitz wurde in Breslau bestattet, später jedoch mit den sterblichen Überresten seiner Frau 1971 auf den Ostfriedhof der Stadt Burg umgebettet. An seinem Grab steht ein Denkmal ihm zu Ehren, dass bis heute von Militärs und Personen der Öffentlichkeit besucht und geehrt wird.

3   Äußerer Rahmen

Das Werk „Vom Kriege" ist im Generellen eine Sammlung der Lebenserfahrung Clausewitz'. Es thematisiert die Vorstellung von Krieg, genauso wie die Details des Krieges hinsichtlich Kampf, Strategie und Vorbereitung. Es ist ein Werk, welches mehrere Theorien hinsichtlich Krieg, Frieden und Strategie beinhaltet. Clausewitz arbeitete an diesem Werk die Hauptzeit seines Lebens, er schrieb und überarbeitete, wobei er immer selbstkritischer wurde. Er selbst schrieb in einer Nachricht: „Ich betrachte die ersten sechs Bücher, welche sich schon ins Reine geschrieben finden, nur als eine noch ziemlich unförmliche Masse, die durchaus noch einmal umgearbeitet werden soll. Bei dieser Umarbeitung wird die doppelte Art des Krieges überall schärfer im Auge behalten werden […]". Anhand dieses Zitats erkennt man die Selbstkritik Clausewitz', dieses Werk sollte nicht nur eine grobe Beschreibung oder Charakterisierung werden, dieses Werk sollte sein Lebenswerk sein. Der Krieg sollte mit all seinen Mechanismen und Vorgängen, mit jedem Detail beschrieben, begründet und verstanden sein. Wie gesagt arbeitete Clausewitz an diesem Werk fast sein ganzes Leben, bis zu seinem Tod. Er selber wollte noch so viel überarbeiten und umschreiben, wozu es leider nicht mehr kam. Die Veröffentlichung des Werkes geschah ein Jahr nach Clausewitz' Tod, 1832, durch seine Frau Marie von Clausewitz. Diese erwähnt in einem Vorwort zum Werk, dass sie sich nie getraut hätte dieses Werk zu veröffentlichen ohne den Zuspruch von Freunden und Familie. Des Weiteren beginnt ihr Vorwort mit: „Es wird mit Recht befremden, dass eine weibliche Hand es wagt, ein Werk von solchem Inhalt, wie das vorliegende, mit einer Vorrede zu begleiten. Für meine Freunde bedarf es hierüber keiner Erklärung […]" und erklärt warum sie sich das Recht nimmt, ein Vorwort zu einem solchem Werk zu machen. Trotz dessen erwähnt sie im Vorwort, dass sie selbst an dem Werk teilhatte und oftmals in die Gedankengänge ihres Mannes verwickelt wurde. Somit sieht sie sich als Mitautorin des Werkes, aber keinesfalls als Urheberin und Erfinderin der Theorien, eher als seelische Unterstützung während der Schaffungszeit und als Ratgeber. Aus heutiger Sicht kann man ihr eine ungeheure Bedeutung zukommen lassen. Ohne sie wäre das Werk vielleicht niemals in diesem Umfang verfasst, geschweige denn veröffentlicht worden, denn das Werk so wie viele andere Werke Clausewitz' wurden von ihr, finanziert aus ihrem eigenen Vermögen, nach dem Tod ihres Mannes als Andenken und Würdigung herausgegeben. Das Werk an sich ist in sechs „fertiggestellte" Bücher und zwei „Skizzen" zu Büchern unterteilt (insgesamt acht Bücher). Das erste Buch „Über die Natur des Krieges" ist in sieben Kapitel aufgeteilt, das zweite Buch „Über die Theorie des Krieges" ist in fünf Kapitel aufgeteilt, das dritte Buch „Von der Strategie überhaupt" ist in siebzehn Kapitel aufgeteilt, das vierte Buch „Das Gefecht" ist in acht Kapitel aufgeteilt, das fünfte Buch „Die Streitkräfte" ist in zwei Kapitel aufgeteilt, das sechste Buch „Verteidigung" ist in zwölf Kapitel aufgeteilt. Die beiden Skizzen „Der Angriff" und „Der Kriegsplan" sind in sieben und neun Kapitel aufgeteilt. Clausewitz gilt durch seine Denkansätze in der damaligen Zeit als Reformer.

4 Über die Natur des Krieges: Was ist Krieg? – Eine Analyse

„Was ist der Krieg"- so lautet die erste Frage im Werk „Vom Kriege". Sie ist die das erste Kapitel des ersten Buches. Mit diesem ersten Kapitel des ersten Buches werden wir uns in diesem Teil der Facharbeit hauptsächlich beschäftigen(alle Zitate entstammen daraus). Clausewitz definiert den Krieg als große Materie, die man nur verstehen kann, wenn man jedes noch so kleine Element, angefangen beim Zweikampf in der Schlacht, verstanden hat. Der Krieg ist immer ein Zweikampf, ein Zweikampf zweier aufeinandertreffender Parteien, die mittels physischer Gewalt versuchen das einzige und wichtigste Ziel des Krieges zu erreichen: Die Niederwerfung und Widerstandsunfähigkeit des Feindes herbeizuführen. Denn wenn der Gegner widerstandsunfähig ist, dann tritt der eigentliche Zweck ins Blickfeld: „Der Krieg ist also ein Akt der Gewalt, um den Gegner zur Erfüllung unsers Willens zu zwingen."[2]. Der Zweck des Krieges ist ein Aufzwingen des eigenen Willens, welcher durch das Ziel des Krieges, der Wehrlosigkeit des Feindes, erfüllt wird. Dieses Ziel erreicht man wiederrum durch

---

[2] 1.Absatz

den Einsatz der physischen Gewalt, eingeschränkt durch die völkerrechtliche Sitte. Somit ist der Zweck nie zugehörig zum Krieg, er ist segregiert vom Krieg. Der Kampf zwischen Menschen besteht aus zwei Elementen: Zum einen aus dem feindseligen Gefühl, zum anderen aus der feindseligen Absicht. Einfache Völker sind mehr auf ihr Gemüt bedacht, das heißt sie lassen sich oft von ihrem Gefühl leiten, und so auch einen Krieg aufgrund eines feindseligen Gefühls provozieren. Entwickelte Völker sind auf ihren Verstand bedacht, das heißt sie wiegen die Situation ab, bevor sie einen Krieg provozieren. Aber auch gebildete Völker können wie einfache bzw. rohe Völker in Hass entbrennen. Die Leidenschaft des Hasses, des feindseligen Gefühls, braucht eine feindliche Absicht, wiederum braucht eine feindliche Absicht keinen Hass. Gutmütigkeit ist nie ein Gegenstand des Krieges, in einem solchem Akt der Gewalt kann neben Brutalität und Härte keine Gutmütigkeit vorherrschen. Der Krieg reißt tiefe Wunden in jede Nation. Die Völker handeln immer aus ihrer eigenen Situation heraus, dabei gilt meist je schlechter ihr Zustand desto grausamer wird der Krieg. Durch die schwere Situation der Menschen werden diese verzweifelt und würden bis zum letzten gehen, jedes Abkommen brechen um sich zu retten bzw. ihre Situation zu verbessern. Hierbei dient das Beispiel des „Volkssturms" (1944): das Volk und die Führung ist verzweifelt. Um vielleicht noch einmal den Kopf aus der Schlinge zu ziehen, versucht man jeden möglichen Mann unter Waffen zu stellen und den Feind aufzuhalten. Und als die Situation sich 1945 noch weiter verschlechtert, stehen plötzlich 12-Jährige Mädchen in Berlin an der PaK[3]. Die Situation des Volkes gehört nicht zur Philosophie des Krieges, sie ist im Kriegsgeschehen nicht zu betrachten. Der Krieg ist nicht nur ein bloßer Kräftevergleich der Truppen, er ist viel mehr als das: Taktik, Strategie, Wille und Weiteres. Gebildete Völker nutzen ihre Intelligenz, sie verbrennen zum Beispiel keine Städte mehr oder töten Gefangene, trotzdem ist Krieg kein reiner Verstandesakt, denn selbst Intelligenz wird zur Zerstörung und faktischen Vernichtung des Gegners durch harte, rohe physische Gewalt, wie zum Beispiel Pulver und Gewehr, herbeigeführt, denn Krieg rüstet sich auch immer mit Erfindungen und Wissenschaft. Ein weiteres Beispiel hierfür wäre die Entwicklung der Chlorgase und ihr verheerender Schaden im Ersten Weltkrieg. Deutschland setzte diese zuerst ein, darauf zog Frankreich nach und nutze sie auch. "Der Krieg ist ein Akt der Gewalt und es gibt in der Anwendung derselben keine Grenzen; so gibt jeder dem anderen das Gesetz, es entsteht eine Wechselwirkung, die dem Begriff nach zum Äußersten führen muss. Dies ist die erste Wechselwirkung und das Äußerste, auf das wir stoßen. (Erste Wechselwirkung)"[4]. Somit gilt, dass man den Krieg immer aufs Äußerste, auf die Grenze des Möglichen, teils auch Unmöglichen, hinaustreibt. Ausnahme bilden z.B. Situationen, die durch die äußeren Faktoren beeinflusst werden, aber später mehr dazu . Um seine Forderungen im Krieg durchzusetzen muss der Gegner faktisch wehrlos sein, oder damit bedroht sein, wehrlos zu sein, denn „Die schlimmste Lage in die ein Kriegsführender kommen kann ist diejenige gänzlicher Wehrlosigkeit."[5]. Die nachteilige Situation des Feindes muss noch schlechter oder gleich schlecht sein als das Opfer das man von ihm fordert, also

---

[3] Panzerabwehrkanone
[4] 3.Abschnitt
[5] 4.Abschnitt

den Willen bzw. die eigene Forderung. Man spricht hier immer mindestens von einer Äquivalenz. Diese nachteilige Situation darf nicht vorübergehend wirken, selbst wenn sie vorübergehend ist, damit der Feind nicht abwartet und die Situation aussitzt, sondern der Forderung nachkommt. Clausewitz distanziert sich auch von der Theorie des aktiven Aggressor und passiven Verteidigers. Es gibt keine „lebendige Kraft und eine tote Masse" (aktive Kraft und passive Kraft), sondern zwei „lebendige Kräfte" (aktive Kräfte). Beide versuchen aktiv ihre Ziele zu erreichen und arbeiten gegeneinander. Dies ist eine weitere Wechselwirkung "Solange ich den Gegner nicht niedergeworfen habe, muss ich fürchten, dass er mich niederwirft, ich bin also nicht mehr Herr meiner selbst, sondern er gibt mir das Gesetz, wie ich es ich gebe. Dies ist die zweite Wechselwirkung, die zum zweiten Äußersten führt. (Zweite Wechselwirkung)"[5]. Das heißt, sowie der Gegner mich beeinflusst so beeinflusse ich ihn, beide wirken aktiv aufeinander ein. Es gibt laut Clausewitz zwei äußere Faktoren, die den Krieg stark beeinflussen: die Größer der vorhanden Mittel und die Stärke der Willenskraft. Dabei kann man die Größe vorhandenen Mittel bestimmen, da sie rein theoretisch ein Zahlenwert ist. Die Willensstärke allerdings ist nicht berechenbar, und doch schürt sie den Widerstand des Feindes immens. Wenn wir diese beiden Mittel einsetzen um unsere Anstrengungen äquivalent zu der Widerstandskraft des Feindes zu machen, dann wir der Feind seine Widerstandskraft erhöhen. Clausewitz betitelt dies als „Dritte Wechselwirkung". Mit „der menschliche Wille erhält seine Stärke nie durch logische Spitzfindigkeiten"[6] drückt Clausewitz die Ergründlichkeit des Willens aus. Hierzu kann man wieder das Beispiel der NS-Zeit nehmen, in der der Wille des Endsieges über jeglicher Vernunft stand, gerade auch noch mal beispielsweise zurückblickend auf den oben genannten Volkssturm. Des Weiteren definiert Clausewitz den Krieg als einen niemals isolierten Akt. Der Krieg ist ein Akt, der durch sehr viele äußere Faktoren beeinflusst wird. Die wichtigsten Faktoren beschreibt Clausewitz durch Kräfte: „die eigentlichen Streitkräfte, das Land mit seiner Oberfläche und Bevölkerung, und die Bundesgenossen."[7]. Dabei sieht Clausewitz den Krieg auch als Zusammenspiel von Militär, Geographie und Volk. „Je kleiner das Opfer ist," (also die Forderung bzw. unser politischer Zweck) „welches wir von unserem Gegner fordern, umso geringer dürfen wir erwarten, dass seine Anstrengungen sein werden, es uns zu versagen."[8], dabei gilt auch wieder im Kehrschluss wie in einer Wechselwirkung „je kleiner unser politischer Zweck ist, […] umso kleiner werden auch […] unsere Anstrengungen sein."[8]. Somit gilt, dass auch immer der eigentliche Zweck entscheidend für den Verlauf des Krieges ist. Hierzu ist aber auch entscheidend, welche Meinung bzw. Spannung in der Bevölkerung herrscht: „Es können in zwei Völkern und Staaten sich solche Spannungen, eine solche Summe feindseliger Elemente finden, dass ein an sich sehr geringes politisches Motiv des Krieges"(der politische Zweck) „eine weit über seine Natur hinausgehende Wirkung, eine wahre Explosion hervorbringen kann."[8]. Dass „Der politische Zweck wird als Maß umso mehr vorherrschen und selbst entscheiden, je gleichgültiger sich die Massen verhalten, je geringer die Spannungen sind,

---

[6] 6.Abschnitt
[7] 8.Abschnitt
[8] 11.Abschnitt

die auch außerdem in beiden Staaten und ihren Verhältnissen sich finden, und so gibt es Fälle, wo er fast allein entscheidet."[8], ergibt sich daraus. Somit ist auch die Theorie des Volkes als entscheidender äußerer Faktor durch Clausewitz selbst gestützt. „das Ziel des kriegerischen Aktes" (also die Verschlechterung der Lage des Gegners bis hin zu Wehrlosigkeit) „ [ist] ein Äquivalent für den politischen Zweck"[8]. Bei einer hohen Spannung in der Bevölkerung gegen den Feind ist die Verschlechterung der Lage nicht verheerend, da der Wille des Sieges so gestärkt wird, dass man wiederum, wie schon zuvor genannt, bis zum Äußersten geht. Wären keine Spannungen, ein sehr geringer Wille und nur ein sehr kleines Opfer gefordert, so würde man nie bis aufs Äußerste gehen. Im Krieg gibt es auch nie einen richtigen Stillstand und auch kein Fortschreiten eines einzelnen Gegners, sondern nur das „Fortschreiten des ganzen kriegerischen Aktes die Rede ist."[9], das wird auch durch die Annahme, dass der Krieg nie ein isolierter Akt ist, bestätigt, da selbst jeder kleinste gesellschaftliche oder politische Wandel einer der kriegerischen Parteien eine Auswirkung auf das Kriegsgeschehen hat. Clausewitz rechnet dem Krieg auch einen großen Charakter des Zufalls und damit des Glückes an, „Es gibt keine menschliche Tätigkeit, welche mit dem Zufall so beständig und so allgemein in Berührung stände, als der Krieg. Mit dem Zufall aber nimmt das Ungefähr und mit ihm das Glück einen großen Platz im Krieg ein."[10], somit muss der Feldherr oder General auch immer so planen, dass selbst in schlechter Lage ein Glücksfall entstehen kann (was indirekt bedeutet, dass ein Feldherr nie in einer wichtigen Schlacht den Rückzug anordnen darf, aufgrund des Glücks, später mehr dazu). Trotz Zufall und Glück bleibt Krieg ein Ernstes, denn „er ist ein ernstes Mittel für einen ernsten Zweck."[11]. Zum Ende des ersten Kapitels des ersten Buches wird der Leitgedanke des politischen Zweckes erneut aufgegriffen. Clausewitz erwähnt diesen Leitfaden sehr, sehr oft in seinem Werk, somit sieht er diesen wohl als den wichtigsten an.

5   Die Moral

In einem weiteren Ausschnitt des Werkes beleuchte ich die Moral. Clausewitz sieht in der Strategie die moralischen Größen. Sie sind sehr entscheidend, „weil die moralischen Größen zu den wichtigsten Gegenständen des Krieges gehören. Es sind die Geister welche das ganze Element des Krieges durchdringen und die sich an den Willen, der die ganze Masse der Kräfte in Bewegung setzt und leitet, früher und später mit stärkerer Affinität anschließen, gleichsam mit ihm in eins zusammenrinnen, weil er [, der Krieg] selbst eine moralische Größe ist."[12]. Das bedeutet, dass moralische Größen Leitfäden aller Kräfte und jeglichen Denkens sind, somit sind viele Faktoren des Krieges moralische Größen, wie zum Beispiel der Kampfwille des Volkes. Clausewitz sieht den Krieg aber auch selber als moralische Größe, da dieser selbst ein Element des Geistes ist. Als moralische Hauptkompetenzen sieht Clausewitz „die Talente der Feldherren, kriegerische Tugend des Heeres, Volksgeist

---

[9] 12.Abschnitt
[10] 20.Abschnitt
[11] 23.Abschnitt
[12] Buch 3; Kapitel 3

desselben."[13]. Von diesen ausgewählten Hauptkompetenzen betrachte ich nun die zweite, die kriegerische Tugend des Heeres. In diesem Kapitel erscheint einem die Moral zurecht als eine der wichtigsten Element, denn Clausewitz zeigt die Moral als das Element auf, welches die Ordnung eines Heeres, den Zusammenhalt und Kampfgeist erhält. Selbst bei einem aussichtslosen Kampf wird ein Heer, dessen Moral riesig ist, niemals aufgeben oder umkehren. In so einen Falle der hohen Moral kann man erneut einen Vergleich zum Zweiten Weltkrieg ziehen, eine durch Propaganda hochgehaltene Moral bewegt das Heer zu einem Vernichtungskrieg, in dem es keinen Rückzug geben kann. Es herrscht in der Endphase (auch aufgrund der Verzweiflung) der Leitsatz: „Bis zum letzten Mann und zur letzter Patrone!". Somit ist die Moral ein Kernelement der äußeren Faktoren des Krieges, da ja der Krieg sogar selbst eine moralische Größe ist.

6 Die Hauptschlacht

Laut Clausewitz ist eine Hauptschlacht „Ein Kampf der Hauptmacht, [...] ein Kampf mit ganzer Anstrengung um einen wirklichen Sieg."[14]. Somit ist die Hauptschlacht (oft auch Entscheidungsschlacht) das wichtigste Gefecht. „Es soll in ihr der Sieg solange gesucht werden, als noch eine Möglichkeit dazu vorhanden ist"[14]. Folglich sollte diese Hauptschlacht nie aufgrund einzelner Faktoren aufgegeben werden, sondern nur wenn alle Mittel völlig unzureichend, und ein totales Unterliegen zustande kommt. Solange dies nicht gegeben ist, gibt es niemals einen Grund zum Rückzug. Selbst wenn man Truppenmäßig stark unterlegen ist, kann dies, so Clausewitz, durch den Faktor Moral aufgefangen werden, und somit ist kein Rückzug nötig. Außerdem besteht für Clausewitz auch immer eine Zufallsrate, eine Chance des Glücks, ein zufällig schlechtes Ereignis beim Gegner. Hierbei ist aber auch zu beachten, dass der Zufall nicht nur dem Gegner schaden kann. Erst wenn alle wichtigen Faktoren in einer Hauptschlacht zu Nichte sind, dann muss ein Rückzug angeordnet werden. Clausewitz definiert dies mit einem Punkt, einem Moment, in dem das Gleichgewicht der aufeinander treffenden Kräfte so stark abweicht, sodass der Feldherr die Truppen abziehen muss („so gibt es doch einen Punkt, über den hinaus das Verharren nur eine verzweiflungsvolle Torheit genannt und also von keiner Kritik gebilligt werden kann..."[14])

---

[13] Buch 3; Kapitel 4
[14] Buch 4; Kapitel 4

7 Clausewitz Definition von Krieg (Clausewitzsche Sichtweise)

Nach der ausgiebigen Analyse des kompletten ersten Kapitels des ersten Buches sowie einigen beispielhaften Ausschnitten aus anderen Büchern und Kapiteln des Hauptwerkes „Vom Kriege", können wir, auch anhand des gesamten Werkes und anderer zusätzlicher Quellen, die Clausewitzsche Sicht des Krieges definieren. Zu allererst ist Krieg immer ein Instrument, ein Instrument der Politik. Dieses Instrument hat das Ziel der Niederwerfung bzw. die Wehrlosmachung des Gegners. Es bedient sich an den Mitteln physischer Kraft. Doch wofür ein Instrument? Für einen Zweck, einen politischen Zweck, z.B. die Eroberung einer Region eines anderen Staates. Ein Instrument ist seinem Zweck immer untergeordnet, so sind auch der Krieg und das damit verbundene Militär der Politik unterzuordnen. Clausewitz definiert dies als das „Primat der Politik". Diesen Zweck erwirken wir durch das Erreichen des Ziels unter Einsatz des Instruments. Dieses Instrument wird von der Taktik, der „Lehre vom Gebrauch der Streitkräfte im Gefecht"[15], und der Strategie, der „Lehre vom Gebrauch der einzelnen Gefechte zum Zweck des Krieges"[15], begleitet. Clausewitz bestärkt aber auch immer wieder, dass zur Erreichung des Zieles die Strategie eröffnet, jedes Hilfsmittel, dem der Mensch bemächtigt ist, zu verwenden. Somit gibt es militärische Wege, wie Schlachten und Gefechte zur Vernichtung der feindlichen Streitkräfte, wie auch nichtmilitärische Wege, so wie politische Maßnahmen oder Propaganda und der damit einhergehenden Brechung des Kampfeswillens des Feindes. Somit wird den nichtmilitärischen Maßnahmen einen genauso hohen Rang gegeben, wie den militärischen. Auch sieht Clausewitz ein Modell des „absoluten" und des „wirklichen" Krieges. Der absolute Krieg ist dabei ein Idealtypus von Krieg der nie erreicht werden kann, da er unrealistische Annahmen enthält: Zum ersten, dass Krieg isoliert ist. Krieg ist niemals isoliert und wird von sehr vielen äußeren Faktoren, zum Beispiel Bündnisse, Weltpolitik, gesellschaftliche Ereignisse, und so weiter, beeinflusst. Zum zweiten müsste der Krieg rein kriegerisch oder rein friedlich gelöst werden. Das ist auch nicht möglich, denn zum Beispiel jede Annäherung nach Schlachten an Friedensverhandlungen ist eine friedliche Lösung nach einer kriegerischen Lösung. Zum Dritten dürften keine Folgen abgewogen werden, zum Beispiel wie weit gehen wir in diesem Krieg, haben wir Angst was passiert wenn wir verlieren, und so weiter. Somit ist jeglicher Krieg wirklicher Krieg, denn im wirklichen Krieg sind diese Faktoren vorhanden. Einer der charakteristischsten Thesen des Werkes ist jene, welche besagt, dass der Krieg mit der Verteidigung des Angegriffenen beginnt. Dies hört sich im ersten Moment unverständlich an, aber ist logisch nachzuvollziehen. Wenn der Angreifer den politischen Zweck der Übernahme einer Region hat, und der angegriffene diesem Opfer ohne Gegenwehr nachkommt, muss der Angreifer sich keines Instrumentes bedienen, da er ja schon sein Ziel erreicht hat. Wehrt sich der Angegriffene allerdings, dann kommt es erst zu einer kriegerischen Auseinandersetzung, da dann das Instrument des Krieges von Nöten ist. Hierbei sieht Clausewitz die Verteidigung, nicht wie viele anderer Feldherren seiner Zeit, als bessere Kampfform an. Der Angriff reibt in seinen Augen viel zu viele Streitkräfte auf. Zudem geht es in der Verteidigung nicht nur um

---

[15] Buch 2; Kapitel 1

eine schlichte Defensive sondern um viele verstrickte, schnelle, flexible Manöver, denn der Verteidiger kann gegen den Angreifer offensiv vorgehen. Hierzu verwendet Clausewitz den „Kulminationspunkt" oder auch den „Kulminationspunkt des Sieges". Dieser beschreibt den Moment, wenn der Angreifer zu schwächeln droht, und dem Verteidiger unterlegen ist. Dann geht die Defensive in einen Konterangriff über, in welchem der Verteidiger in die volle Offensive geht. Zudem ist für Clausewitz das Glück in einem jedem Krieg der stetige Begleiter eines Feldherrn. Auch hat Clausewitz starke Elemente des Vernichtungskrieges in Bezug auf die Hauptschlacht gelegt, denn dort sieht er einen Rückzug als Fehler an, wodurch eine Aufreibungsstrategie hervorscheint, ähnlich dem „aut nihil!"der Römer - Alles oder Nichts. Jedoch bei totaler Unterlegenheit und Versagen aller Faktoren ist der Rückzug ein notwendiges Übel. Clausewitz definiert den Krieg auch als ein Gebiet des gesellschaftlichen Lebens, einen Konflikt, einen Konflikt von großen Interessen, der nur blutig gelöst werden kann, und das in großen Schlachten. Das Wichtigste und Markanteste des Werkes bleibt allerdings die prägende und bekannte Aussage, die aus dem Buch 1 Kapitel 1 entstammt, den Leitfaden des Werkes bildet und auch als Hauptaussage bezeichnet werden kann: *„Der Krieg ist eine bloße Fortsetzung der Politik mit anderen Mitteln."*.

8 Bedeutung

Zunächst blieben die Clausewitzschen Theorien unbekannt. Helmuth von Moltke, der Chef des deutschen Generalstabs, ernannt 1866, verwendete Clausewitz' Werk „Vom Kriege" als Erster. Somit könnte das Werk vielleicht schon im Deutschen Krieg von 1866 oder im Deutsch-Französischeren Krieg von 1870 auf die deutsche Kriegsführung eingewirkt haben. Allerdings interpretierte Moltke Clausewitz anders bzw. falsch. Er brach die Clausewitzsche Theorie von dem Verhältnis Krieg und Politik darauf zurück, dass die Politik den Krieg beginne, der eigentliche Krieg aber durch das Militär bestimmt wird. Dies widersprach den eigentlichen Lehren Clausewitz'. Nachdem Bismarck abdankte, und somit die deutschen diplomatische Beziehung zu anderen europäischen Mächten zu Grunde gingen, trat immer mehr die Wichtigkeit des Krieges in den Vordergrund, ja ein fast unmögliches Umgehen einer Katastrophe. Diese Ansicht war entscheidend für den Beginn des ersten Weltkrieges, denn nach Anbruch der Julikrise 1914 war die Politik durch die Teilmobil- bzw. Mobilmachung des Militärs unfähig diesen Lokalkrieg einzugrenzen, geschweige denn ihn zu beenden. Die Militärs schritten hin auf eine totale Eskalation, einen Weltkrieg. Somit wurde das eigentliche Instrument, der Krieg und das damit verbundene Militär, zum Zwick, also zur Politik, einer Art „Militärdiktatur", im Deutschen Reich anhand der Obersten Heeresleitung, da man dachte, das Militär ersetzt die Politik, sobald der Krieg von der Politik begonnen worden ist. Auch hier tritt immer wieder in den Grabenschlachten die Idee des „Kulminationspunktes des Sieges" auf. Zudem wird bis zum Äußersten gegangen, das auch in Wechselwirkung (zuerst verwendet Deutschland, danach auch Frankreich Chlorgas). Die von Clausewitz genannte Intelligenz ist vorhanden, und genauso wie Clausewitz es beschrieben hatte, wurde sie für die Vernichtung genutzt, wie zum Beispiel der Entwicklung von Massenvernichtungswaffen (MG, Panzer, Bomben). Auch der russische, kommunistische Reformer

Wladimir Lenin verwendete die Clausewitzsche Theorie, und unterzog sich eines umfangreichen Studium ihrer im Schweizer Exil. Er sah dies als eine nötige Vorbereitung zur Revolution. Die wichtigste Rolle im Leninismus nahm die Rolle der Unterordnung des Militärs unter die Politik ein. Dies änderte sich aber abrupt durch den Machtwechsel hin zu Stalin. Der Stalinismus sieht eine Unterordnung oder zumindest ein einhergehen mit Politik und Militär vor. Im zweiten Weltkrieg wird der wirkliche Krieg des Dritten Reiches immer ähnlicher dem absoluten Krieg definiert nach Clausewitz. Viele Kritiker sehen Clausewitz somit als Mitschuldigen oder Beeinflusser dieses Krieges. Hierbei steht diese Art von Krieg aber in keiner Abhängigkeit zu Clausewitz, da dieser sagte, der wirkliche Krieg darf dem absolutem niemals zu nahe kommen. Die eigentliche Doktrin des Dritten Reiches war das Werk von Ludendorffs: „Der totale Krieg", veröffentlicht 1935. Dies erscheint auch als logisch, wenn man zum Beispiel die bekannte Rede Goebbels' im Sportpalast 1943 betrachtet. Doch der zweite Weltkrieg bleibt trotzdem ein Paradebeispiel der Clausewitzschen Theorien. Die Kesselschlacht von Demjansk (1942) oder die Schlacht von Stalingrad (1943) beinhalten den in der Analyse beschriebenen Kulminationspunkt. Die deutschen Armeen greifen an, bis das Gleichgewicht umschlägt, die russische Defensive geht in die Offensive und vernichtet den Gegner mit einem Konterangriff. Zudem brechen diese Schlachten die Volksmoral und in Deutschland bricht Verzweiflung aus. Außerdem wird in Russland die Massenangriffsdoktrin verwendet, wodurch die deutsche Führung, auch aufgrund von Verzweiflung und der Clausewitzschen Wechselwirkung, bis zum Äußersten zu gehen und sich jeglicher Möglichkeiten bedient, der Volkssturm ist 1944 geboren. Während der ganzen Zeit wirkten Clausewitz' Theorien, gerade auch in punkto Strategie und Taktik, stark auf die deutsche Kriegsführung ein. Auch formte Clausewitz eine geschlossene Doktrin der Guerilla, der Lehre des Kleinkriegs, meist angewandt im Bürgerkrieg, zum Beispiel im Vietnamkrieg oder Teilen des Chinesischen Bürgerkriegs von 1927 bis 1949. Auch im Kalten Krieg fand man die Clausewitzschen Theorien vor. Durch den Aufbau der größtmöglichen Armee, so Clausewitz, werden potentielle Kriegsgegner abgeschreckt. So auch im Kalten Krieg, die UDSSR und die USA begannen ein Wettrüsten zur Abschreckung und somit auch indirekt zur Verhinderung des dritten Weltkrieges. Dieses Aufrüsten findet man heute wieder, erneut im Konflikt der USA und diesmal der Russischen Föderation. In anderen europäischen Ländern, wie zum Beispiel England oder Frankreich, vermutete bzw. erkannte man den Einfluss der Clausewitzschen Theorien erst während, kurz vor oder nach dem ersten Weltkrieg. Amerika erkannte sie erst kurz vor dem zweiten Weltkrieg. Dies ist ziemlich beeindruckend wenn man beachtet, dass gerade diese Länder die heutigen Hauptländer der Militärlehren Clausewitz' sind. Gerade in den USA ist die Behandlung der Clausewitzschen Theorien an vielen Militärakademien ein Muss. Sehr viele hochrangige Generäle der US-Amerikanischen Armee beschäftigten sich schon mit dieser Doktrin. Trotz Kritik wie zum Beispiel der Unvollständigkeit des Werkes, da beispielsweise Marine und so weiter nicht beachtet werden, oder der Nichtbetrachtung der Ethik, eine Auslegung also auf eine reine Theorie des Vernichtungskrieges, welche Clausewitz eigentlich nie geschaffen hat, ist das Hauptwerk Clausewitz' mit dem Titel „Vom

Kriege" eine der bekanntesten, wichtigsten und einflussreichsten Werke der Erde geworden, eine wahre Würdigung seines Lebenswerkes.

9 Literaturverzeichnis

Von Clausewitz, Carl: Vom Kriege; Auflage vom Nikol-Verlag, Seitenzahl:288

https://de.wikipedia.org/wiki/Carl_von_Clausewitz zugegriffen am 24.02.18 um 19.15 Uhr
https://www.stadt-burg.de/cms/carl-von-clausewitz.html zugegriffen am 21.02.18 um 21.12 Uhr
http://www.zeit.de/1982/49/vom-kriege zugegriffen am 24.02.18 um 20.20 Uhr
https://www.ulb.uni-muenster.de/sammlungen/nachlaesse/teilnachlass-clausewitz.html zugegriffen am 24.02.18 um 21.42 Uhr
https://www.britannica.com/biography/Carl-von-Clausewitz zugegriffen am 24.02.18 um 22.23Uhr
http://clausewitz-burg.de/2016/06/05/aus-den-briefen-zweier-liebender-carl-von-clausewitz-und-marie-von-bruehl/ zugegriffen am 24.02.18 um 23.02 Uhr
https://de.wikipedia.org/wiki/Marie_von_Clausewitz zugegriffen am 24.02.18 um 23.45 Uhr
https://de.wikipedia.org/wiki/Preu%C3%9Fische_Heeresreform zugegriffen am 08.03.18 um 20.00 Uhr

BEI GRIN MACHT SICH IHR WISSEN BEZAHLT

- Wir veröffentlichen Ihre Hausarbeit, Bachelor- und Masterarbeit

- Ihr eigenes eBook und Buch - weltweit in allen wichtigen Shops

- Verdienen Sie an jedem Verkauf

Jetzt bei www.GRIN.com hochladen und kostenlos publizieren